Nezîf Telek

Von Kurdistan nach Deutschland
Ji Kurdistanê ta Elmanya

Eine Familie flüchtet vor Saddams Diktatur
- Eine authentische Geschichte -

Malbatek meşext bûyî, ji ber Sedam ê Dîktator
- Bûyerekî rast -

Mit Bildern von Barbara Ring
In Kurdisch-Kurmanci übertragen
von Younes Bahram und Yûsuf Abdi

Wêne: Barbara Ring
Wergerandin û serastkirin a têkst
Younes Bahram û Yûsuf Abdi

VON LOEPER LITERATURVERLAG

Die Deutsche Bibliothek – CIP Einheitsaufnahme
Ein Titeldatensatz für diese Publikation ist bei
Der Deutschen Bibliothek erhältlich

Gehen Sie uns "ins Netz"!
Besuchen Sie uns im Internet unter
www.vonLoeper.de

*Gerne senden wir Ihnen ausführliche Informationen
zu unserem Verlagsprogramm zu.*

Originalausgabe
1. Auflage 2004
© 2004 by von Loeper Literaturverlag
im Ariadne Buchdienst, Karlsruhe

Gesamtherstellung und Vertrieb:
Ariadne Buchdienst,
Kiefernweg 13, 76149 Karlsruhe
Tel.: (0721) 70 67 55
Fax: (0721) 78 83 70
E-Mail: Info@vonLoeper.de
Internet: www.vonLoeper.de

ISBN 3-86059-459-1

Inhalt

Geleitwort des Ausländerbeauftragten der Thüringer Landesregierung

Bahram und seine Familie	10
Bahram û malbat a xwe	11
Verbotene Freiheiten - Wem kann ich trauen?	14
Azadiya qedexe - ma wê baweriya min bi kê bê?	15
Newroz-Fest	18
Cejn a Newrozê	19
Kampf um die Freiheit - Gewalt gegen Kurden	22
Şerê azadiyê - Bandor a li ser Kurdan	23
Leben in Angst und Schrecken	26
Jiyan a di bin tirs û veciniqandinê	27
Der Fluchtplan	30
Pilan a revê	31
Der Abschied	34
Xatirxwestin	35
Gefährliche Flucht	38
Penaberiyeke dijwar	39
Angst in Bukarest	42
Tirsa li Buxarêst	43
Die Flucht geht weiter	46
Penaberî her berdewame	47

Ankunft	50
Gihiştin	51
Leben in der Fremde	54
Jiyan a li biyaniyê	55
Glückliche Überraschung	58
Suprîzeke xweş	59
Brandanschläge	62
Şewitandin	63
Sehnsucht nach Freiheit	66
Bêrîkirina azadiyê	67
Ungewissheit	70
Bendewariya bê dawî	71

Geleitwort des Ausländerbeauftragten der Thüringer Landesregierung

Die meisten Deutschen leben in Deutschland. Die meisten Polen leben in Polen. Die meisten Franzosen leben in Frankreich. Die meisten Kurden ...? Nein, es gibt keinen Staat, der Kurdistan heißt. Ungewöhnlich ist das nicht. Viele Völker leben nicht in einem Staat, der ihren Namen trägt. Staat und Volk sind nicht dasselbe. Der Staat ist eine politische Einheit mit einer Regierung an der Spitze, der die Aufgabe zukommt, das Zusammenleben der Staatsbürger zu regeln. Ein Volk hingegen grenzt sich in erster Linie durch die Sprache von anderen Völkern ab.

Nehmen wir als Beispiel Amerika: In den Vereinigten Staaten von Amerika leben heute in der Mehrzahl Menschen, deren Vorfahren aus England, Irland, Deutschland, Italien, Polen, China, Indien, Afrika und Lateinamerika eingewandert sind. Ungewöhnlich ist es nicht, dass in einem Staat Angehörige verschiedener Völker leben oder dass sich die Angehörigen eines Volkes auf verschiedene Staaten verteilen.

Tag für Tag verlassen Menschen Ihre Heimat, um in ein anderes Land zu ziehen, sei es zum Studium oder zur Ausübung ihres Berufes. Und dass Menschen sich sympathisch finden und sich verlieben, macht an Ländergrenzen nicht Halt. So lassen sich manche in einem anderen Land nieder, weil sie dort ihren Lebenspartner gefunden haben. Doch viele sind zur Flucht gezwungen, weil sie aus politischen oder religiösen Gründen verfolgt werden.

In Deutschland wohnen rund sieben Millionen ausländische Mitbürger - viele von ihnen schon seit etlichen Jahren. Wer als Einwanderer die Staatsangehörigkeit des Landes annimmt, in das er eingewandert ist, ist kein Ausländer mehr. So leben in Deutschland inzwischen nicht wenige ehemalige Ausländer, das heißt deutsche Staatsbürger türkischer, italienischer oder polnischer Volkszugehörigkeit. In vielen anderen Ländern ist es ähnlich. Wer darin ein Problem sieht, ist von gestern.

Rund eine halbe Millionen Kurden leben ebenfalls in Deutschland. Ihre ursprüngliche Heimat nennen sie Kurdistan, ein Gebiet, das sich über Teile der Staatsgebiete Türkei, Iran, Irak und Syrien erstreckt. Leider achteten diese Staaten die Rechte ihrer ethnischen Minderheiten lange Zeit nicht. In Syrien und Iran sind die Kurden noch immer weit von einer Gleichberechtigung entfernt. In der Türkei wurde die Lage für die Kurden zwar gesetzlich verbessert, praktisch aber hat sich noch nicht allzu viel verändert. Besonders schlimm erging es den Kurden im Irak zur Zeit des Diktators Saddam Hussein. Erst seit im Jahre 2003 amerikanische und britische Soldaten die Schreckensherrschaft Saddam Husseins beendet haben, dürfen die dort lebenden Kurden auf eine demokratische Entwicklung ihrer Heimat hoffen.

Der kurdische Autor Nezîf Telek erzählt in diesem Buch vom Leben der Kurden im Irak unter der Herrschaft Saddam Husseins. Er beschreibt das Schicksal einer Familie, die sich entschließt, die alltäglichen Benachteiligungen der Kurden, die todbringenden Verfolgungen durch den Diktator und seine Helfershelfer und die Angst vor Gefängnis und Mord nicht länger zu ertragen, und nach Westeuropa zu fliehen. Eine Fluchtgeschichte, an deren Ende das Leben in einem deutschen Asylheim steht. Eine eindringliche Geschichte. Eine Geschichte für Kinder und Jugendliche? Ja, aber nicht nur.

Eckehard Peters

Bahram und seine Familie

Wir sind eine Familie aus Kurdistan und kommen aus Mossul. Mein Name ist Bahram und das bedeutet „der Mars". Eigentlich stammen wir aus der Stadt Süleymanya. Mossul ist eine große kurdische Stadt im Norden des Irak. Dort wurde viel Öl gefunden. Ich war etwa zwölf Jahre alt, als meine Mutter zu mir sagte: „Du bist in der ‚Tschräsch'-Zeit geboren." Tschräsch ist eine Wildpflanze, die Anfang Juni wächst. Die Frauen sammeln sie auf den Hochebenen, verkaufen sie auf den Basaren und kochen leckere Mahlzeiten daraus. In Mossul gehörte uns ein Haus. Wir besaßen zwar nicht viel Geld, lebten aber gut, denn mein Vater hatte Arbeit.

Zur Ruhe kamen wir trotzdem nicht, denn Kurdistan ist in vier Teile zerstückelt. Auf der Landkarte gibt es Kurdistan nicht. Vier Staaten halten sich unser Land sozusagen als „Kolonie": die Türkei, der Iran, Irak und Syrien. Sie nehmen sich die Reichtümer unseres Landes: das Erdöl von Mossul, Kirkuk oder aus Batman in Türkisch-Kurdistan, das Wasser des Euphrat und Tigris, Bodenschätze und vieles mehr.

Bahram û malbat a xwe

Em malbatek ji Kurdistanê ne û li Mûsilê dijîn. Navê min Bahram e tê wate Stêrk a Bahramê li Asîman. Di dema berê de em li Sulêmaniyê dijyan. Mûsil bajarekî kurdiye mezine li bakurê Iraqê dikeve. Li wêderê pir Petrol hatiye dîtin, Temenê min dwazdeh salî bûm dema ku Dayik a min ji minre got ku ez di dema çêriş de hatime jiyanê. Çêriş gihayekî xwezayîyî di destpêka heyva şeşande şîn dibe.

Li serê qelacan û xaka berpal de jin ewan didin hev û li Sûkê difroşin, ew bo nanê nîvro, yanjî firavînê tê amede kirin. Me xaniyek li Musilê hebû û li wir jî bavê min xwedî karbû, tevî ku perê mejî pir tune bû.

Lê her me tu ewle nebû, çinkî Kurdistan hîna çar parçeye. Û li ser nexşê cîhanê Kurdistan nîne. Çar dewletan, wekî dibêjin, welatê me dagîr kirine, Tirkî, Iraqê, Iranê û Sûriyê. Ew samanên welatê me ji xwere dibin: pêtrol a Mûsilê, Kerkukê yan jî ji Batmanê li Kurdistana Tirkî, ava Dîcle û Furatê, samanên axê û gelek tiştên dî.

Viele kurdische Frauen und Männer kämpfen dafür, dass wir unsere Heimat für uns haben und selbst bestimmen können, wie wir leben wollen. Dazu gehört die Freiheit zu singen, was wir wollen, die Schule für die Kinder auszuwählen, unsere eigene Sprache zu sprechen und für uns selbst zu reden.

Es finden sich auf der Erde nicht viele Völker, die größer sind als das kurdische Volk. Aber für die 30 Millionen Menschen gibt es keinen eigenen Staat. Dabei ist das Gebiet von Kurdistan 500 000 Quadratkilometer groß und somit größer als Deutschland!

Wir Kinder gingen alle in Mossul zur Schule, nur meine Schwester nicht. Sie half meinen Eltern und uns Geschwistern zu Hause. Sobald wir aus der Schule kamen, erledigten wir unsere Hausaufgaben. Anschließend halfen auch wir im Haushalt mit.

Mein jüngster Bruder Îbrahim musste natürlich noch nicht mitarbeiten. Er war dafür noch zu klein. Während die anderen etwas zu tun hatten, spielte Îbrahim oft mit seiner Katze. Pirtscho, die Langhaarige, hieß sie. Katzen sind bei uns sehr beliebt. Weil es viele Mäuse gibt, besitzt fast jede Familie eine Katze.

Wir hatten auch einen Stall mit drei Ziegen und vielen Hühnern. Die jungen Ziegen waren ungeheuer lustig. Wir spielten vergnügt mit ihnen und fütterten sie besonders gut. Auf die Küken mussten wir stets Acht geben, denn die Katzen aus der Nachbarschaft raubten sie gerne als Leckerbissen. In der Freizeit traf ich mich oft mit meinen Freunden. Ins Kino zu gehen war unsere Lieblingsbeschäftigung.

Gelek jin û mêrên kurdan xebatê dikin, ji bo ku welatê me, ji me re û di destê mede be, ka em çawa bijîn da ku me azadî hebe, wan stiranan bêjin, ewên me divên, xwandingehan ji bo zarokên xwe hilbijêrîn, bi zimanê xwe bi axivin, me maf hebe ku bi xwe biryaran bidin.

Gelo Kêmnetew li ser rûyê dinê hene, ku ji gelê kurd mezin tir bin? Belê 30 Milyon mirov bê welat in. Li gel wê jî axa Kurdistanê 500 000 kîlomêtirên çarkoŞe mezine, ji Elmanya mezin tir e!

Em biçûk hemî diçûne Dibistanê, lê xwîşka min ne dihat, Wê alîkariya dayik û bav û xwîşk û birayê me li mal dikir. Dem a em vedigeryan malê, berî hemiyan diviyabû me, erkên xwe yên malê çêkiriban, Û paşî em jî alîkariya malê bikin. Helbet pêwistî nebû, ku birayê minî ji hemiyan biçûktir alî me bike. Ibrahîm li gel kitkê yarî dikir, dema ku yên dî mijûl bûna. Navê wê Pirçê bû, ew pirç dirêj bû. Li dev me gelek ji kitkan hezdikin, çinkî mişk gelekin. Ji ber vê yekê piraniya malbatan kitkekê wan hene.

Me govek jî hebû li gel sê bizin û gelek mirîşkan. Karikên wan gelek bikenî bûn. Me gelek hez ji yaryan dikir li gel wan û me pirtir çavê xwe li wan dikir. Diviya em gelek li çîçilkan hişiyar bin. Kitkên cîranan xwe li ber divelîsand û diviyan bidizin. Di valahiya xwede, min û hevalên xwe hev didîtin. Mijûliya me ya ji hemiya xweştivîtir ew bû, ku biçin sînemê.

Verbotene Freiheiten - Wem kann ich trauen?

Mein Vater ging oft mit Schoresch, meinem älteren Bruder, an den Fluss Tigris zum Angeln. Ich durfte noch nicht mit, weil es ein gefährlicher Fluss ist. So gab es häufig Fisch, manchmal hatten wir sogar mehrere Kilo davon. Besonders lecker waren die Forellen. Oft gaben wir den Nachbarn davon ab, weil es so viele waren. Im Hof unseres Hauses hatten wir einen kleinen Teich angelegt. Wir Kinder saßen oft davor und sahen den schönen bunten Fischen zu, die darin schwammen.

Wir hatten sehr viele, sehr schöne Dinge. Aber das Schönste und Wertvollste, das hatten wir nicht: die Freiheit. Darum waren wir auch sehr unglücklich. Kein Kurdistan, und dann die vielen Verbote durch unsere Besatzer, das machte uns sehr, sehr traurig.

Die Besatzer, der irakische Staat, behauptete, Kurdistan gehöre dem Irak. Aber das ist nicht wahr. Wenn wir jedoch laut sagten, dass Kurdistan den Kurden gehöre, dann griff uns die Armee von Saddam Hussein an. Immer wieder wurden dadurch viele Menschen getötet, das ist sehr, sehr schlimm. Wenn ich davon höre, dann macht mir gar nichts mehr Freude. Ständig leben wir in Angst um unsere Freunde und Verwandten.

Azadiya qedexe - ma wê baweriya min bi kê bê?

Bavê min û birayê minî mezin Şoreş diçûne ber çemê Dicle Masîvanî dikirn. Wan ne dihîst ku ez jî ligel wan biçim, çinkî ew çemekî bi Sawe . Me gelek masî dixwarin, hindek caran me gelek kîlo ji wan hebûn. Masiyên deqsor ji hemiyan xweştir bûn. Gelek caran me hindek jê didane cîranan jî, çinkî pirr bûn. Di hewşa xaniyê me de, me birkekî biçûk ya avê kolabû, em zarok berdewam li ber di rûniştin û me li wan masiyên xweşik rengîn mêzedikir, ewên ku têde melevanî dikirin.

Me li wê derê pir tiştên ciwan hebûn. Belê tiştê ji hemiyan buhatir, me nebû: azadî. Ji ber vê yekê em gelek dil xem dibûn. Bê Kurdistan û tevî wê jî dagîrkeran hemî tişt li me qedexe kiribûn, evê çendê em gelek û gelek bi xembar kiribûn.

Rijêma Iraqê a dagîrker dibêje ku Kurdistan ya Iraqê ye. Lê ne duriste. Demê me bi dengekê bilind digot, ku Kurdistan ya kurdane, leşkerê Seddam Huseyn êrîşan di de ser me. Ta neha jî gelek xelk ji bo vê yekê têne kuştin - ew zordestiyeke mezin e. Dema min guh li van tiştan dikir, çi xweşî bo min namîne. Hemî gava ku em di tirsê de dijîn li ser xwe û heval û mirovên xwe.

Unsere Stadt, Mossul, ist die zweitgrößte Stadt des Irak, gleich nach Bagdad. Aber wir hatten keine Rechte. In den Schulen durften wir unsere kurdische Sprache nicht sprechen, nur arabisch war erlaubt. Wenn der Lehrer davon erfuhr, dass jemand kurdisch sprach, schlug er ihn brutal.

Wir konnten nicht allen Mitschülern trauen. Manche spionierten sogar für Saddams Soldaten gegen uns Kurden. Aber bei einigen waren wir sicher, mit ihnen konnten wir kurdische Musik hören und mussten keine Angst davor haben, in ihrer Gegenwart kurdisch zu reden. Zu Hause hörten wir oft heimlich kurdische Musik. Und wir redeten in unserer Sprache, denn zu Hause konnte es die Armee nicht verhindern. Manchmal sprachen wir auch arabisch, weil meine Mutter Araberin ist. Sie hat aber sehr gut kurdisch gelernt.

Bajêrê me, Mûsil, bajêrê duyemîne di Iraqê de, piştî Bexda bo meziniya xwe. Belê me çi maf lê nebû. Li xwendegehê nedihêlan zimanê xwe yê kurdî bi axivin, tenê bi ´erebî dihêlan. Eger mamosta bi bihîsta, ku yêk bi kurdî di axive, ew dida ber lêdanê.

Baweriya me bi hemî xwendkarên li gel me ne dihat. Hinekan ji wan sîxuratî bo leşkerê Seddamî li dijî me kurdan dikirin. Lê ji hinekan em piştrast bûn, em dikarin li cem wan guhdariya mûzîk a kurdî bikin pênediviya em ji wan bitirsîn, ku bi kurdî bi axivin. Li mal me zehif li mûzîka kurdî guhdarîdikir. Û em bi zimanê xwe di axivîn. Çinkî leşker ne dikarîn li mal jî li me qedexe bikin. Carcaran me bi ´erebî jî di da galgalan, çinkî dayka min ereb e. Belê ew baş fêrî kurdî bûye.

Newroz-Fest

Für uns Kurden ist das Newroz-Fest etwas ganz Besonderes. Viele Menschen kennen es, die Araber, die Iraner, die Türken, aber auch viele Deutsche und Menschen anderer Nationen. Newroz heißt so viel wie „Der neue Tag". Es wird am 21. März gefeiert. Da geht der Winter, und der Frühling zieht ein. Die Menschen freuen sich darüber, aber auch die Schafe, die Ziegen, die Vögel und die anderen Tiere. Denn alles wächst neu, alles ist frisch. Die Natur belebt sich wieder. Schon bevor der Frühlingsanfang gefeiert wird, sind wir alle sehr aufgeregt und fröhlich. Wenn ich daran denke, höre ich den Gesang der Vögel und sehe lachende Kinder vor mir.

Newroz ist aber nicht nur ein fröhliches Fest, bei dem viel getanzt wird. Es zeigt uns auch den Wert der Freiheit, die wir wollen und die uns so sehr fehlt. Das Fest war in unserer Heimat verboten. Aber trotzdem feierten es zigtausend Menschen, auf der Straße, in den Bergen, in großen Hallen. Viele ziehen ihre kurdische Tracht an, kochen besonders leckere Speisen und wünschen sich nichts sehnlicher als die Befreiung Kurdistans.

Das wollen die vier Staaten aber nicht, die Kurdistan unter sich aufgeteilt hatten. Sie sind gegen das Fest. Sie wollen nicht, dass wir ein Fest des Friedens und der Freiheit feiern, ein Fest gegen die Unterdrückung.

Cejn a Newrozê

Ji bo me kurdan cejna Newrozê tiştek taybete. Gelek milet Newrozê dinasin, ´ereb, îranî, tirk û herwiha elman û mirovên miletên dî jî. Wateya Newrozê "roja nû"ye. Li roja 21ê adarê Newrozê pîroz diken û li vê rojê zivistan bar dike û bihar tê cihê wê. Mirov gelek keyfxweş dibin, mih, bizin, û balinde û hemî giyandar jî keyfxweş dibin. Çinkî hemî keskatî careka dî kesk dibe hemî tişt di terin. Siroşt careka dî vedijî. Hîna destpêka biharê destpênekirî, em bilezîn û dilgeşîn di xwazin bibe ew roj. Dema ez bîra xwe tînim, wîçwîça çîçikan têtê guhên min û zarokên bikenî têne ber çavên min.

Newroz ne bi tenê cejneke dilxweşiyê ye, ku gelek dîlan lê têtê kirin. Ew bihayê azadiyê jî nîşan me dide, ew azadiya hind ji me kêm.
Ev cejne li welatê me qedexe ye, û tevî wê jî bi hizaran merov, li ser cadan, li serên çiyan û li holên mezin pîroz diken. Gelek cilkên kurdî dikin ber xwe, xwarinên xweş çêdikin û çi miradê mezintir di dilê wan da nînin ji azadkirina Kurdistanê pêvetir.

Belê ew her çar welatên Kurdistan li ser xwe parçe kirîn, ev yeke nevên. Ew dijî vê cejnê ne. Wan nevêt em bi pîrozkirina cejna aştî û azadiyê rabin, cejna dijî zordestiyê.

Ein Newroz-Fest werde ich nie vergessen, aber nicht, weil es besonders schön war. Ich war auch selbst nicht dabei, aber immer wieder wird bei uns darüber gesprochen. Es war 1988, und damals waren wir noch im Irak. Wenige Tage vor Newroz hörten wir von Halabja, und während des Festes gab es dann kaum ein anderes Thema: Das Wetter war wundervoll, und wie wir in Mossul, so bereiteten sich auch die Menschen in der Stadt Halabja schon seit Tagen auf das Fest vor. Plötzlich kam aus dem Himmel ein ohrenbetäubender Lärm. Irakische Kampfflugzeuge griffen an! Alle Männer, Frauen und Kinder rannten um ihr Leben und suchten Schutz. Aber die Flugzeuge warfen keine normalen Bomben ab. Es war Giftgas!

Freunde von uns berichteten, dass 5 000 Menschen dadurch ermordet und Tausende verletzt wurden. Viele Tiere und auch die frisch erblühten Pflanzen wurden vernichtet. Der irakische Staat konnte allein so etwas nicht machen. Viele Firmen aus reichen Ländern hatten geholfen, Giftgasfabriken zu bauen. Ohne deren Hilfe hätte es keine solchen Bomben gegeben. Diese Firmen sind mitschuldig an dem grausamen Verbrechen!

In jenem Jahr war Newroz kein Freudentag, sondern ein Tag der Tränen, der Trauer und der Wut.

Cejna Newrozê ez tu caran ji bîr nakim, ne ji ber ku hewqas xweş bû. Ez bi xwe jî ne li wir bûm, lê her û her li ser dipeyivîn. Ew di sala 1988 an de bû, hîngê em li Îraqê bûn. Seqayê dinyayê gelekê xweş bû, û wekî me li Mûsilê, xelkê bajêrê Helebçe jî, xwe ji bo cejnê amede dikirin. Dengekê wisa ji esmanan hat, guhên mirovî kerdikirin: balafirên cengê yên Îraqê êrîş kirin! Hemî zilam, jin û zarok revîn, da ku jiyana xwe bi parêzin. balafiran bombên normal ne avêtin. Gaz û zihêr di barandin!

Hevalên me di gotin, ku 5000 mirov bi wê hatine kuştin û bi hezaran birîndar bûn, gelek û gelek giyandar jî. Ew şînahiya ji nû derketîbû jî çilmisî. Bavê min her dibêje: "Ew ne bi tenê berhemê dewleta Îraqê bû. Eger kargehên elmanan harîkariya avakirina karxanên gazazihêrî nekiriban, hingî hebûna wan bomban jî wê neba. Ev kargehe hevgunekarin di wî tawanê dilreq de!"

Li wê salê Newroz ne roja dilgeşiyê bû, lê roja rondik û xem û kerbê bû.

Kampf um die Freiheit - Gewalt gegen Kurden

Mein Vater war ein Peschmerge, ein Freiheitskämpfer. Er unterstützte eine kurdische demokratische Partei. Peschmerge sein bedeutet, dass man keine Angst vor dem Tod hat. Er war Kurier und brachte anderen Peschmergen verbotene Schriften und geheime Nachrichten. Das war eine sehr ehrenvolle Aufgabe, aber auch sehr gefährlich.

Wenn ein Peschmerge festgenommen wird, dann wird er oftmals grausam gefoltert und nicht selten getötet. Damit wollen sie erreichen, dass er seine Freunde und andere Kämpfer verrät. Gleichzeitig sollen so die anderen eingeschüchtert werden. Aber die irakischen Soldaten behandelten nicht nur die kurdischen Freiheitskämpfer feindlich und schlecht, sondern alle Kurden. Sie hatten Angst und dachten, jeder sei ihr Feind und für die Freiheit.

Mein Vater hatte damals einen Job als Fahrer bei der städtischen Straßenbahn. Das war im Irak sehr gut bezahlt, und darum waren wir auch eine Familie, die Geld sparen konnte und gut lebte. Aber sie wussten nicht, dass er Kurde ist. Als sein Chef dies durch Zufall erfuhr, warf er meinen Vater raus.

Şerê azadiyê - Bandor a li ser Kurdan

Bavê min Pêşmerge ye, şervanê azadiyê ye. Ewî harîkariya partî dîmokratî kurdistanê dikir. Pêşmergatî ewe, ku mirov ji mirinê netirse. Ew peyik bû, nivîsînên qedexe û dengubasên nependî ji bo pêşmergan vediguhastin. Ev kareki gelek bi şeref mêranî bû.

Eger Pêşmergeyek bihata girtin, gelek caran bi dilhişkî tête eşkencedan û behra bêtir têt kuştin. Da ku ew kes hevalên xwe û şervanên dî eşkere bike û wan bi vê yekê d itirsînin.
Belê leşkerên Îraqê serderiyeka dujminkarane û xirab ne bi tenê li gel azadîxwazan dike, lê li gel hemî kurdan. Ew di tirsin û hizir dikin, ku her kesek dijminê wan e û ji bo azadiyê ye.

Bavê min hingî şofêr bû, li ser paseka bajêr. Li Îraqê perekî baş distan û ji ber vê jî em malbatek bûn, ku me dikarî destê xwe bigirta û pera kom bikin bo jiyaneke xweş. Belê pa li destpêkê wan nedizanî, ku ew kurd e. Piştî rêveber zanî, wî bavê min ji kar kire der.

Es geschah an einem schönen, sonnigen Tag. Wie schon oft kamen Hunderte irakischer Soldaten und schleppten kurdische Menschen gewaltsam von der Straße oder aus ihren Häusern fort. Sie alle wurden auf ein abgeriegeltes Gelände gebracht. Sie holten auch meinen Vater. Wir alle hatten große Angst, was passierte.

Auf dem Gelände schossen die Soldaten wahllos auf die wehrlosen Menschen. Einige versuchten zu fliehen - vergeblich. Viele wurden tödlich getroffen, viele wurden verletzt. Mein Vater war auch unter den Verletzten. Durch die Schmerzen wurde er bewusstlos. Viel- leicht hat ihm dies das Leben gerettet. Ein Freund fand ihn nach dem Massaker und trug ihn weg. Als er wieder zu sich kam, war es der 24. März 1988, und der Giftgasangriff auf Halabja war gerade eine Woche vorüber. Ein englischer Arzt sorgte dafür, dass mein Vater wieder gesund wurde.

Eine Woche noch blieb er bei seinem Freund, ohne dass wir erfahren konnten, ob er noch am Leben war. Dann endlich erhielten wir die Nachricht, er habe überlebt. Bis heute wissen wir nicht, wie viele Menschen an diesem Tag umgebracht wurden.

Ev rûdane di rojeka xweşa hetav de bû. Wekî gelek caran bi sedan leşkerên Îraqê hatin û xelkên kurd bi zorê ji cada û xaniyan rakişandin derve. Ew hemî birine meydaneke girtî. bavê min jî tev li wan bû. Em ditirsiyan, ka wê çi pê bikin.

Li wê meydanê leşkeran li wan mirovên bê desthelat gule barandin. Hinekan pêkolkî kirin ku birevin, lê bê mifa bû. Gelek ji wan hatine kuştin û gelek jî birîndar bûn. Bavê min jî li gel birîndaran bû. Ji ber êş û jana xwe ew dilgirtî bû. Belkî wê dilgirtinê jiyana wî qurtalkir. Piştî wê qirkirinê hevalekê wî ew dît û ew ji wê derê revand. Demê hatiye ser xwe, 24ê adara 1988ê bû, ew heftiyek bû bi ser êrîşa kîmyabarana Helebçe ve çûyî. Textorekî ingilîz bavê min dermankir, ta ew careka dî saxbû.

Heftiyekê ew li dev hevalê xwe mabû, bêy ku em bizanin, ka ew mirîye yan maye. Dûmahîkê baş bû mizgînî gehişte me, ku ew nemirî ye. Ta neha jî em nizanin, ka wê rojê çend mirov hatibûne kuştin.

Leben in Angst und Schrecken

Ungefähr nach einer weiteren Woche kam mein Vater nachts heimlich nach Hause zurück. Wir umarmten ihn und weinten vor Freude. Endlich war die Familie wieder beisammen.

Mein Vater erzählte mir später: „Das war nicht das erste Mal, dass unsere Familie so bedroht wurde. Dein Großvater war der Anführer einer Gruppe von Peschmergen. 1974 wurde er getötet, als er für die Befreiung Kurdistans an einem Aufstand teilnahm. Mein Bruder und seine Frau wurden von der Geheimpolizei mitgenommen. Bis heute wissen wir nicht, wo sie geblieben sind. Wir befürchten, dass sie schon lange nicht mehr am Leben sind. Die Geheimpolizei nahm viele Menschen grundlos fest. Ich habe gehört, dass manche unter Zwang tödliche Spritzen oder Tabletten bekamen. Sie sind dann sofort gestorben oder einige Monate später nach fürchterlicher Krankheit und schlimmen Schmerzen."

Wenn jemand verschleppt wurde und einfach verschwunden war, dann konnte man sich nicht einmal nach ihm erkundigen. Wer das tat, wurde sofort selbst festgenommen.

Jiyan a di bin tirs û veciniqandinê

Nêzîkî hefteke dî di sere derbas bû, dema bavê min bi şev û nependî hatiye mal. Me xwe li wî werkir û em ji keyfan re girîn. Çend xweşbû, ku malbat careka dî gehiştiye êk û du.

Piştî hingê bavê min li min vegêra: „Ev ne cara yekê bû, ku malbata me wisan li bin gefa bû. Bapîrê te jî serqolê kumeka pêşmergan bû. Li sala 1974ê ew hate kuştin, dema wî pişikdarî di serheldanekê de, ji bo azadiya Kurdistanê, kirî bû. Birayê min û jina wî bi destên polîsên esayişî hatine girtin. Ta neha em nizanin ka ew li kûde mayne. Em ditirsîn, ku ew ji mêje nemabin. Hijmareka mezin ya xelkê bi destên polîsên esayişî ve bê eger hatine girtin. Min guh lêbû, ku bi zorê derzî û dermanên mirinê didane hindekan. Hinek ji wan di dest xwe de dimirin û hinek jî piştî çend heyvan êş û jan û nexweşiyên dijwar.

Demê yek dihate rakêşan û berze kirin, mirov ne dikarî pirsê li dûv wî bike. Her kesê li dûv çûba, ew bi xwe dihate girtin."

Von dem Tag an hatten wir zu Hause keine Ruhe mehr. Ständig kam die Armee und durchsuchte unser Haus. Mein Bruder war damals gerade 17 Jahre alt. Er war schon einige Zeit in einer Schülergruppe aktiv, die sich für die Freiheit der Kurden einsetzte. Vielleicht war das auch ein Grund, dass sie ihn mit nach Bagdad nahmen und ihn in die irakische Armee zwangen. Damit wollten sie wohl erreichen, dass wir aus Angst um sein Leben nichts mehr für die Freiheit Kurdistans unternehmen. Am Anfang bekamen wir noch die Nachricht, er sei in der Armee in der Küche eingesetzt. Dann aber hörten wir lange Zeit überhaupt nichts mehr von ihm. So wussten wir nicht einmal, ob er noch am Leben war.

Jedes Mal, wenn die Soldaten unser Haus auf den Kopf stellten, drohten sie: „Wir werden noch alle Kurden umbringen!" Saddam Hussein war ein Teufel für uns Kurden. Wir haben ihn nie gemocht. Trotzdem hing ein großes Bild von ihm im Wohnzimmer. Meine Mutter putzte es immer sorgfältig. Denn wenn Soldaten oder Polizisten Staub auf dem Bild entdeckt hätten, wären wir schlimm bestraft worden. Alle im Irak mussten ein Bild von Saddam Hussein aufhängen und es stets schön sauber halten.

Ji wê rojê pêde êdî me rihetî li mal nema. Berdewam leşker di hatin mala me û her der têkvedidan. Temenê birayê min hingê 17 sal bû. Wî li gel komeka xwendekaran ji bo azadiya kurdan çelengí dikir. Ne dûre ji ber wê egerê wan bi zorê ew birin leşkeriya Íraqê. Wan ev bi serê me dikirin da em ji jiyana wî bitirsin û bo azadiya Kurdistanê êdî çi nekin. Li destpêkê me dizanî, ku ew li xwaringehê kardike. Piştî hingê rojek hat êdî me çi jê nezanî. Me ne dizanî ka ew miriye yan maye.

Çend caran leşkeran xaniyê me ser û binî li hev dan, da gefa bikin: "Heya kurdek hebe emê bi kujin!" Seddam Huseyn şeytane ji bo me kurdan! Çi caran me hez ji wî nekiriye. Li ser wê re jî wênekê wî yê mezin li jora rûniştinê helawîstîbû. Dayka min her ew law paqijdikir. Çinkî eger leşkeran yan jî polîsan toz li ser wêne dîtibana, emê bi tundî bêxin zindanê. Li Íraqê divê hemî wênê Seddam Huseyn bihelawîsin û berdewam paqij bikin.

Der Fluchtplan

Es war mitten in der Nacht. Außer Schoresch, meinem Bruder, der von der irakischen Armee eingezogen war, saß die ganze Familie zusammen.

Meine Mutter ergriff das Wort: „So kann es nicht mehr weitergehen. Saddam Hussein, dieser Mörder, wird uns eines Tages alle umbringen lassen. Ich habe gehört, dass er vorhat, alle Kurden mit Giftgas anzugreifen. Ich kann mir kaum etwas Grausameres vorstellen! Ich bekomme es fast nicht über meine Lippen. Aber euer Vater und ich haben beschlossen, dass wir unsere geliebte Heimat verlassen werden. Wir wissen nicht, wie wir euer und unser Leben anders schützen können."

Meine Mutter begann zu weinen, und wir waren alle sehr, sehr still. Manchmal hatten wir schon darüber gesprochen, dass wir vielleicht fliehen müssten, aber nun war es ernst. Wir mussten Kurdistan verlassen, und wir wussten nicht, was uns erwartete.

Niemand wusste von unserem Plan, nur einige Verwandte, denen wir unbedingt vertrauen konnten. Die Fluchtvorbereitungen mussten in aller Heimlichkeit passieren, sonst hätte uns die Polizei oder die Armee sofort geschnappt.

Pilan a revê

Nîva şevê bû. Ji bilî birayê min Şoreş, yê ku li leşkeriyê bû, malbat hemî rûniştî bû.

Dayka min dest bi axiftinê kir: "wusa ji bo me bi rêde naçe. Seddamê mirovkuj, wê rojekê ji rojan, me hemiyan bi kuje. Min guhlêbûye, ku ewê êrîşê bi jehra kîmyayî bike ser hemî kurdan. Ez bawer nakim ji wê taltir hebe! Ez nizanim çawa bêjime we, belê min û bavê we biryar daye, ku em hemî bi hev re welatê xwe yê xweştivî bihêlîn. Me çi rêyên dî nedîtin, ku jiyana we û ya xwe biparêzin."

Dayka min dest bi girî kir û em gelekî bê deng man. Hinek caran me li ser vê yekê di axift, ku ne dûre em birevin, lê neha ji dil bû. Diviya em Kurdistanê bihêlin û me ne dizanî, ka wê çi bi serê me bê.

Kesekî ne dizanî ka me çi biryar daye, ji bilî hinek mirovên me yên ku me baweriyek mezin pê hey. Xweberhevkirina revînê diviya gelek bi dizîkî ve be, çinkî eger polîsan yan jî leşkeran zanîban, çinkî wê me girin.

Von dem Zeitpunkt an war es im Haus sehr traurig. Keiner von uns redete noch fröhlich mit dem anderen. Und wie schwer fiel es uns, nach außen niemanden davon etwas merken zu lassen, mit keinem Freund darüber zu reden!

Wir liebten die Menschen dort so sehr, die Tiere, die Landschaft, die saubere Luft, den Fluss. So viele Jahre hatte unsere Familie dort verbracht, Fröhliches und Trauriges erlebt. Und jetzt mussten wir dieses Land verlassen, unser Land. Noch dazu ohne Schoresch, unseren Bruder.

Ji hingê û pêve mal hemî gelek bi xem ket. Kesekî ji me bi keyf li gel yê dî ne di axift. Ne tiştek sanahî bû, ku wê nekin, kesek bi me bi zanibe û diviya li gel çi hevalan li ser vê yekê ne axivin!

Me gelek hez ji mirovên wê derê dikir û her wesa ji giyandaran û bayê paqij û rûbaran. Malbata me pir sal li wê derê borandibû û xweşî û nexweşî dîtibûn. Û neha diviya em ji welatê xwe derkevin. Ji bilî vê jî bêy Şoreşê birayê me.

Der Abschied

Eine Woche später hieß es Abschied nehmen von den wenigen Verwandten, die eingeweiht waren. Wir alle weinten und waren traurig. Aber laut weinen durften wir nicht, wie es sonst bei uns üblich ist. Die Angst vor der allgegenwärtigen Geheimpolizei verschloss unsere Kehlen.

Am 5. September 1990 stiegen wir in ein Taxi und verließen Mossul. Ich war zwölf Jahre alt. Mendo und Rohat nahmen wir auch mit, die beiden Kinder meines Onkels. Er war mit meiner Tante von der Geheimpolizei festgenommen worden. Seitdem haben wir von ihnen nichts mehr gehört und befürchten bis heute das Schlimmste. Tief in der Nacht fuhren wir los. Kein Mensch war zum Abschied da, es wäre viel zu gefährlich gewesen. Das Taxi sollte uns zur Grenzstadt Sacho bringen. Von dort wollten wir nach Schweden auswandern und Asyl beantragen. „Schweden", so sagte mein Vater „hat Saddam Hussein nicht so sehr unterstützt. Die Engländer haben ihn ausgebildet, die Amerikaner haben ihm die Waffen gegeben zum Krieg gegen Iran, und von Westeuropa hat er die Fabrikanlagen für das Giftgas erhalten. Heute schimpfen sie über ihn, weil er in Kuwait einmarschiert ist, aber zugleich ist er ihr Mann."

Xatirxwestin

Heftiyekê di dûv re demê xatir xwestinê ji wan kes û karên kêm yên pê dizanîn hat. Me hemiyan girî kir û em gelek bi xem bûn. Belê çênedibû em bi dengekê bilind bikin girî, wekî cem me. Tirs ji polîsên nependî, yên ku li her cihî hene, gewriya me zeft kiribû.

Li 5ê îlona 1990 em li teksiyekê siwar bûn û ji Mûsilê derketin. Ez dozdeh salî bûm. Mendo û Rohat jî, piçûkên mamê min, me li gel xwe birin. Dayik û bavên wan bi destê polîsê nependî hatibûn girtin. Ji hingê pêve em çi ji wan nizanin û em di tirsîn tiştekê mezin bi serê wan hatibe. Derengî şevê em derketin. Çi mirov jî li wê derê nebûn xatira xwe jê bi xwazin, çinkî gelek tirs hebû. Ew teksî wê me bibe bajêrê ser tuxûbê Zaxo. Ji wê derê me diviya bigehîne Siwêd û li wê derê daxwaza penaberiyê bikin. Bavê min got ku: "Siwêd alîkariya Seddam Huseynî nekiriye. Ingilîzan ew ho kiriye, Emrîkiyan çek danê, da ku dijî Îranê şer bike û ji kargehên roavayý Ewropa dezgehên karxana çêkirina çekê kîmyayî wergirtiye. Îro jî ew xeberan di bêjine wî, çinkî wî Kuwêt dagîrkir, lê dîsa jî ew zilamê wane."

Unser gefährlicher Fluchtweg hatte begonnen. Die Straßen waren voller Schlaglöcher, und Gesteinsbrocken ließen das Auto zusätzlich hin- und herschleudern. Neben uns tauchten tiefe Schluchten auf. Ich hatte manchmal Angst, wir kämen nicht lebend an.

Nach anderthalb Stunden erreichten wir Sacho, direkt an der Grenze zur Türkei. Von dort gingen wir zu Fuß weiter in den nördlichen Teil Kurdistans. Das war lebensgefährlich, denn wir mussten damit rechnen, dass die türkische Armee sofort auf uns schießen würde, wenn sie uns entdeckte. Das ganze Gebiet war mit Bodenminen verseucht.

Revîna me ya bi metirsî destpêkir. Cadde tijî kend û kor û berên di rê de tirombêl hirve û wêve vedijenî. Bi rex me ve, geliyên kûr derdiketin. Hinek caran ez ditirsiyam, ku em bi silametî ne gehin.

Piştî demjimêrek û nîvan em gehiştin bejêrê Zaxo, bi rexê tuxûbê Tirkî ve. Ji wê derê pêde em bi piyan ber bi parça jorî ya Kurdistanê ve çûn. Ew gelek bi tirs bû, çinkî eger leşkerê tirkan em dîtibana, wê yekser êrîşî me bikin. Ew dever hemî tije bombê binaxîne.

Gefährliche Flucht

Wir hatten einen Führer namens Memo. Alleine wären wir verloren gewesen. Memo war einer, den man bei uns Schmuggler nennt, und der dafür von meinen Eltern viel Geld bekommen hat. Die Schmuggler kennen solche Fluchtwege. Manche pflegen Kontakt zu Grenzsoldaten, die sie bestechen, damit sie nicht beschossen werden. Einige von ihnen leisten den Peschmergen gute Dienste und sind nicht nur darauf aus, viel Geld zu verdienen. Ihr Job ist gefährlich, denn immer wieder werden doch welche erschossen.

Dreizehn Stunden waren wir ohne Pause unterwegs auf schmalen, gefährlichen Pfaden. Dann erreichten wir endlich eine asphaltierte Straße. Dort gab es die erste Rast. Erschöpft und hungrig saßen wir da und machten uns über das Essen her, das meine Eltern mitgenommen hatten.

Nun mussten wir warten. Memo sagte, dass viele Lastwagen von hier aus fuhren. Schließlich kam auch einer vorbei, der uns mitnahm bis zur großen Stadt Diyarbakir (Amed). Von dieser Fahrt haben wir nicht mehr viel in Erinnerung, weil wir vor Erschöpfung sofort auf dem nackten Boden des Lastwagens einschliefen. Als wir ankamen, waren wir alle ganz schwarz, weil der Lastwagen Kohle geladen hatte.

Penaberiyeke dijwar

Me rêberek hebû navê wî Memo bû. Bi tenê em diçûyî bûn. Li cem me dibêjine wan kesan qeçaxçî û ji ber wê yekê rêber gelek pere ji dayk û bavên min wergirtibû. Qeçaxçî rêkên revê yên hosa diniyasin. Hinekan hevbendî di gel leşkerên tuxûbî hene û bertîl dikin, da ku teqe lê neyête kirin. Hinek ji wan gelek alîkariya pêşmergan dikin û ne bi tenê, ku peran werbigirin. Karê wan gelek bi metirsiye, çinkî gelek caran teqe jî li wan diête kirin û têne kuştin.

Sêzdeh demjimêran, bê bêhinvedan em bi rêve bûn, li wan rê û kolanên teng. Paşî başbû em gehiştin caddeka qîr kirî. Li wê derê me ji nih cara êkê bêhna xwe vekir. Kerixî û birçî em ketine wê derê û me dest avête wan xwarinên, ku dayk û bavê me li gel xwe anî.

Vêca diviya em xwe bigirin. Memo got, ku gelek tirêle ji vêre diçin. Paşî başbû êk hat, li ber me rawestiya û em birin ta em gehandin bajêrê mezin ê Amedê (Diyarbakir). Ji wê derê tiştek jî nemaye li bîra me, çinkî ji kerixîna de, em li ser ´erdê rûsê tirêliyê êkser di xew re çûn. Demê em gehiştin, em hemî reş bibûn wekî qîrê, çinkî tirêlê kumir bar kiribû.

In Diyarbakir nahmen uns unsere kurdischen Brüder und Schwestern sehr herzlich auf. Einige Wochen mussten wir dort bleiben. So lange dauerte es, bis Memo einen anderen Lastwagen gefunden hatte, mit dem wir weiterfahren konnten. Irgendwann mitten in der Nacht stiegen wir dann in einen Bus um, zusammen mit einigen anderen Familien. Der brachte uns nach Istanbul.

Am folgenden Tag erreichten wir endlich die bulgarische Grenze. Die Soldaten bekamen wieder Schmiergelder, damit wir über die Grenze kamen, ohne beschossen zu werden. Nachts und zu Fuß schlichen wir aus der Türkei. Mein kleiner Bruder musste getragen werden, und wir alle verhielten uns ganz still. Nach drei Stunden Fußmarsch nahm uns der gleiche Bus wieder auf, den wir vor der Grenze verlassen hatten. Dann ging es weiter, bis wir an die rumänische Grenze kamen und bis zur Hauptstadt Bukarest.

Li Amed, xwîşk û birayên me yên kurd em ji dil hewandin. Diviya çend heftiyan li wê derê bimînîn. Hind vekêşa heta Memo tirêleka dî bo me dît, da ku pê bidine rê. Piştî li demekî, nîva şevê bû, em ji tirêlê veguhastine di pasekê de, li gel malbateka dî. Bi wê çûne Istembolê.

Roja paştir em gehiştine ser tuxûbê Bulgaristanê. Leşker careka dî hatine bertîlkirin, da ku li tuxûb derbas bibin bê ku teqe li me bête kirin. Bi şev û bi pêyan me xwe ji Tirkî vekûsand. Birayê min yê biçûk di hate helgirtin û em hemî diviya bê deng bimînîn. Piştî em sê demjimêran peya çûn, her ew pas li rexê dî gehişte berahiya me û em rakirin. Pişt re me da rê, heta em gehiştine ser tuxûbê Romaniya, çûne paytextê, Buxaristê.

Angst in Bukarest

Meine Eltern hatten alles Ersparte mitgenommen, ebenso das Gold, das man bei uns kauft, um etwas Reserve zu haben für schlechtere Zeiten. Davon haben sie die drei Schmuggler bezahlt, die uns von Istanbul aus begleiteten. Mein Vater erzählte später, dass sie 5 000 Dollar bekommen haben.

Bevor es weiterging, mussten wir aber erst elf lange Monate in Bukarest bleiben. Immer wieder erzählten uns die drei Schmuggler, es würde bestimmt gleich weitergehen. Alle drei Monate mussten wir eine neue Wohnung suchen, damit uns die rumänische Polizei nicht entdecken konnte. Wir wären sofort wieder zurückgeschickt worden, in den fast sicheren Tod.

Wir kannten niemanden in der Stadt, verstanden die Sprache nicht. Es war eine schlimme Zeit, und wir waren alle voller Aufregung und Angst. Die Stadt war für uns wie ein riesiges Gefängnis. Die Eltern hatten große Sorgen: „Was passiert mit uns, wenn wir so lange bleiben müssen, dass das ganze Geld aufgebraucht ist?" Viermal hieß es, die Wohnung zu wechseln in dieser schrecklichen Zeit. Bei jedem Einkauf war die Angst dabei.

Tirsa li Buxarêst

Ew perê dayk û bavê min dane rexekî hemî li gel xwe anîbûn, herwesa zêr, yê ku xelik li dev me bo roja reş dikirin. Ji wan, perê wan qeçaxçiyên, ku ji Istembolê li gel me hatin dan. Piştî hingê bavê min vegeriya, ku wan 5000 dolar wergirtibûn.

Berî em ji wê derê derkevin, em yazdeh mehên dî jî li Buxaristê man. Her roj qaçaxçî di got me, dem kêm maye ku biçin. Her sê mehan diviya em li xaniyekê dî geriyabana, da polîsê romanî me ne bînin. Eger em girtibana, wê êkser em vegerandina, bo mirinê sedî sed.

Me kesek li bajêr nas nedikir û me ziman jî nedizanî. Demekê gelek nexweş bû, û me çi ji çarenivîsê xwe nedizanî û em gelek di tirsaan. Bajar ji bo me wekî zîndaneka pir mezin bû. Dayk û bav gelek bi xem ketin: "Wê çi bi serê me bêt, heger em wilo gelekî bimînin û perê me hemî hatin mezaxtin?" Di wî demê wisa nexweş de, çar caran me xanî veguhast. Çi cara em çûbayn kiryarê, bi tirs bû.

Eines Tages kam mein Vater aber erleichtert nach Hause: „Jetzt ist alles klar. Am Montag geht es weiter, haben sie mir in die Hand versprochen. Wir werden nach Essen in Deutschland gebracht. Von dort aus soll man leicht nach Schweden kommen. Aber es sind Gauner, denen nichts an der Freiheit gelegen ist und alles am Geld. 20 000 Dollar wollten sie haben für ihre Dienste. Wir haben gehandelt, nun sind sie mit 12 000 Dollar einverstanden."

Es waren wirklich schlechte Leute, das sollten wir noch spüren. In Deutschland nennt man sie Schlepper.

Rojekê bavê min hate mal bi piştrast: "Duşembê emê bidine rê. Wan soz daye min. Wê me bi gihînin Essen li Elmanya. Ji wê derê pêve mirov bi sanahî biçe Siwêd. Belê ew xapînokin û ne cihê baweriyê ne, ji wan re azadî ne xeme, bi tene pere. 20 000 dollar bo xizmeta xwe diviyan. Me bazar li gel wan kir, ta ku bi 12000 dollara razî bûn."

Bi rastî ew nexweş mirov bûn, me bi duristî tê anî der. Li Elmaniya di bêjine wan "Schlepper" (Qaçaxçî)

Die Flucht geht weiter

Unsere Flucht ging also weiter. Wir hatten wieder große Angst, aber die Freude war ebenfalls groß nach der langen Zeit des bangen Wartens. Zagreb war das nächste Ziel. Teils zu Fuß, teils mit dem Bus erreichten wir es. Eine Woche lang blieben wir dort in einer kleinen Wohnung, die wir mit vier anderen Familien teilen mussten.

Von Jugoslawien nach Österreich zu kommen sei gefährlich, erzählten uns die Schlepper. Es gebe dort hohe Berge und tiefe Wälder, und wir müssten uns ganz still verhalten. Es war kalt und regnerisch, als wir zu Fuß über die Grenze schlichen. Îbrahim, mein jüngerer Bruder, begann zu weinen. Voller Angst nahm ihn meine Mutter und hielt ihm den Mund zu, damit keiner ihn hören konnte. Ich lief neben den beiden und hörte sie zornig murmeln: „Diese Untiere, die uns zur Flucht gezwungen haben! Mein Kind darf nicht einmal weinen, wenn ihm danach ist!"

Dreizehn Stunden dauerte unsere Flucht durch Österreich, dann erreichten wir die deutsche Grenze. Wir waren todmüde, und wir müssen ausgesehen haben wie Katzen, die man gerade aus dem Wasser gezogen hat. Noch nie haben mir die Beine so weh getan wie damals!

Penaberî her berdewame

Revîna me berdewamkir. Em gelek di tirsyan, lê dil xweşiya me jî mezin bû, piştî me ew qasa xwe girtî. Armanca me ya hatina Zagrib bû. Car bi pêyan car jî bi pasê em gehiştinê. Heftiyekê em li wê derê, li xaniyekê biçûk, yê ku li me çar malbatan hatiye lêkvekirin, man.

Qaçaxçiyan gote me, ku ji Yoguslafiya ta Awýstýrýye (Nemsa) ya bi tirse. Ku li wê derê çiyayên bilind û daristanên tarî hene û divê em bê deng bimînîn.
Sar bû û baran bû, demê em li tuxûb derbazbûn. Birayê minê ji hemiyan biçûktir, Îbrahîm dest bi girî kir. Bi tirs dayka min ew girt û destê xwe da ber devê wî da kesê guh lê nebe. Ez bi rex herdukan ve çûm û min guh li pirpirma wan bû bi enirîn ve digot: "Xwedê wan nehêle, ewên we li me kirîn, ku em birevin! Piçûkê min nekare bike girî jî, heger bivê!"

Revîna di Nemsa re sêzdeh demjimêran vekêşa û piştî hingê em gehiştin tuxûbê Elmaniya. Em mirin ji westîna. Ez bawer dikem em wekî wan kitkan lê hatibûn demê ji avê derdikevin. Çi caran wekî hing lingên min lê nebûne êş!

Wieder ging es heimlich über die Grenze, dann noch eine halbe Stunde zu Fuß. So erreichten wir einen Bus, wenn man das Fahrzeug so nennen konnte. Es waren nämlich keine Sitze drin. Aber uns war das egal. Müde und ausgepumpt warfen wir uns auf den Boden und schliefen sofort ein.

Zwei der anderen Familien blieben in München, eine stieg irgendwo anders aus, und eine war mit uns noch unterwegs nach Essen.

Careka dî bi nihênî ve em li tuxûb derbas bûn û paşî nîv demjimêra dî jî bi pêyan. Em gehiştine cem pasekê. Herçende çi kursî têda nebûn jî, lê dîsa jî di gotê pas. Belê pa bo me xem nebû. Westiyay û kerixî me xwe dirêj kire di binê wê de û em êkser di xew re çûn.

Du ji wan malbatan li München man, êk jî li cihekê dî bi rêve peya bû û êka dî jî li gel me heta Essen hatin.

Ankunft

Ein ganzes Jahr hatte unsere Flucht gedauert, bis wir endlich in Essen ankamen! Aber das war uns egal, so sehr freuten wir uns. Die Schlepper hatten ja gesagt, man käme von Essen aus leicht nach Schweden. In Schweden leben nämlich Verwandte von uns, und außerdem hatten wir gehört, dass es dort viel Verständnis gebe für Asylsuchende.

Einer der drei Schlepper war noch bei uns. Er sagte, er wolle uns etwas zu essen besorgen und der anderen Familie auch. Wir warteten und warteten, aber er kam nicht mehr zurück! Der gemeine Kerl hatte uns einfach sitzen lassen, und später merkten wir, dass er sogar noch gute Kleidungsstücke geklaut hatte. Mein Vater sagte: „Was sind das für Menschen, die die Not der Flüchtlinge ausnutzen! Und hinter denen stecken Bosse, die den größten Anteil der Gelder einstecken."

Wieder wussten wir nicht, was wir nun machen sollten. Auf der Straße fragten wir einen jungen, blonden Deutschen: „Polis?" Er verstand uns und nahm sich die Zeit, mit uns zur nächsten Polizeistation zu gehen. Das Wort Asyl ist international, und das sagten wir dem Polizisten immer wieder: „Asyl, Asyl!" Der brachte uns dann zur S-Bahn und gab dem Schaffner Bescheid, dass wir in Düsseldorf aussteigen sollten. Am Bahngleis verabschiedeten wir uns herzlich von der anderen kurdischen Familie, die wie wir um Asyl bat.

Gihiştin

Saleka dirist revîna me vekêşa ta dûmahîkê em gehiştine Essen! Belê pa ne xem bû, keyfa me jî gelek hat. Qeçaxçiyan gotibûn, ku êdî ji Essen bo Siwêd bi sanahîye. Mirovên me yên li Siwêd û ji bilî hingî jî me guh lê bibû, ku li wê derê gelek têgehiştin beramberê penaberan heye.

Êk ji hersê qeçaxçiyan hîna li cem me bû. Wî digote me, eyê herim tiştekê xwarinê ji bo we û malbatên dî peydakem. Em her man û man, lê ew nehat. Ew ço û hîna di çe! Jiyê wî kurt be, hema em hêlane li wê derê û dûmahîkê me berê xwe dayê, cilkên me yên baş jî dizîbûn. Bavê min got: "Eve çi mirovin, ku neçariya penaberan di çewsînin! Ew dîvelankên hindek qeçaxçiyên ji xwe mezintirin, ku bara bêtir pere di kine berîka xwe."

Dîsa me nezanî vêca çi bikin. Li ser cadê me gencekê elmanê por zer dît, me gotê: "Polîs?" Ew di me gehişt û li gel me hate nêzîktirîn bingehê polîsan. Peyva "Asyl" peyveka internasyonale û me jî her gote polîsa "Asyl, asyl!" Ewî em birîne nik S-Bahnê û gote tirênvanî, ku em dê li Düsseldorf peya bin. Li wê derê me ji dil xatira xwe ji wê malbata dî ya kurd xwest, ew malbata wekî me, daxwaza penaberiyê kirî.

Wir haben nicht nur in Schweden Verwandte, sondern auch in Deutschland, in Bottrop. Als meine Mutter bei ihnen anrief und mitteilte, dass wir endlich angekommen waren, wollten sie es erst gar nicht glauben. Sie hatten schon befürchtet, wir hätten die Flucht nicht überstanden. So schnell sie konnten, fuhren sie nach Düsseldorf. Weinend vor Freude fielen wir uns mitten im Hauptbahnhof in die Arme. Viele der Passanten, die das mitbekamen, sahen ganz verwundert zu. Sie konnten ja nicht ahnen, warum wir alle Tränen in den Augen hatten.

Ne bi tenê li Siwêd me mirov hene, li Elmaniya, li Bottrop jî me mirov hene. Demê dayka min têlefona wan kir û gotiyê, ku em jî bi silametî gehgiştine, wan bawer nekirin. Ew tirsyan, ko me xwe li ber revînê ne girtibe. Hindî ew karîn, bi lez ew hatine Düsseldorf. Ji keyfan de û bi girî ve li wê tirênxanê me xwe li êk werkir. Çavê wan rêwiyan rik ma li me. Ewan çi ji hindê ne dizanîn, ka bo çî tijî çavên me rondikin.

Leben in der Fremde

Jetzt hatte ich überhaupt erst die Ruhe, die neue Umgebung genauer wahrzunehmen. Auf dem Hauptbahnhof fühlten wir uns gar nicht wohl. Alle waren in fürchterlicher Eile und wollten schnell irgendwo hin, eine einzige Hektik. Ob die Menschen selbst wussten, wofür diese Eile gut war? Überhaupt war alles so fremdartig für uns. Die Menschen waren anders gekleidet und benahmen sich anders als in Kurdistan, die Häuser waren anders, die Straße - ja selbst die Hunde, die manche Leute mit sich führten. Mir kamen sie unecht vor, künstlich. Diesen Tag werde ich niemals vergessen, auch nicht die Fahrt durch die Straßen mit den vielen Läden und über die Autobahn nach Bottrop zu den Verwandten.

Dort erholten wir uns erst einmal einige Tage lang von den Strapazen. Danach ging es nach Düsseldorf zurück. Mit Hilfe eines Dolmetschers stellten wir den Antrag auf Asyl. Damit begann für uns ein neues Leben, in einem fremden, uns zunächst schwer begreiflichen Land.

Einige Tage lang mussten wir in ein großes Sammellager gehen, bis in Hilden in einem Heim für Asylsuchende ein Platz frei wurde. Das war ein schweres Leben für uns. Niemand von uns verstand Deutsch, und alles war ganz anders als in Kurdistan.

Jiyan a li biyaniyê

Ji nûka ez piçekî rihet bûm, ku li wan dora binerim. Li tirênxanê gelek bêhna me teng bû. Ew xelk hemî bi lez bûn, birbezanêyek bû, te digo qez roja qiyametê ye. Ma wan ne digotin xwe, eve çi leze? Bi hemî ve bo me tiştekî nih bû. Cilkên li ber xelkî cuda bûn, rabûn û rûniştina wan ne wekî ya xelkî li Kurdistanê bû. Xanî û cadde jî ne wekî yên me bûn, û seyên wan jî, ewên li gel xelkî. Herwekî ew ne yên dirist bin, yên ji qesta. Ez çi car wê rojê ji bîr nakem. Herwesa ez wan cadde û wan hemî dikan û ew autobanên em têra çûyn cem mirovên me li Bottrop.

Me li wê derê bêhna xwe veda. Piştî hingê em vegeriyane Düsseldorf. Bi alîkariya wergêrekî, me daxwaziya penaberiyê kir. Li gel hindê jiyaneka nih bo me dest pêkir, li welatekî biyan.

Çend rojan em kirin di avahiyekî de di nav gelekan de, ta paşî li Hilden li kempeka daxwazkerên penaberiyê cihek bo me vala bû. Jiyaneka tal bû ji bo me. Kesek ji me bi elmanî nedigehişt û çi tişt wekî Kurdistanê nebû.

In Hilden selbst begannen wir dann sofort mit Sprachunterricht. Nach ein paar Monaten waren wir so weit, dass wir auf verschiedene Sprachschulen gehen konnten. Eine deutsche Lehrerin aus der Nachbarschaft, die bei „amnesty international" arbeitete, war uns eine große Hilfe. Sie hatte uns einmal besucht, und seither lernte sie mit uns und half uns in vielen Dingen, damit wir uns zurechtfanden. Wir Kinder hatten es leichter als unsere Eltern. Denen fiel es schwerer, diese Sprache zu lernen. In der Schule wurden wir von den anderen Kindern freundlich aufgenommen. So haben wir uns bald wohlgefühlt und die Trauer über die Heimatlosigkeit oft vergessen.

Li Hilden bi xwe me êkser dest bi dersên ziman kir. Piştî çend mehan em gehiştine wî raddey, ku em karin biçine çend xwendingehên ziman yên cuda cuda. Mamostayeka elman, ya ku hevdera meye û li cem rêkxistina Eminesty International kar dike, alîkariyeka mezin ji bo me kir. Ew carekê hate seredana me û ji hingê were nîşa me dide û ji bo gelek tiştan alîkariya me dike, da ku karên me jî bi rêve biçin. Ji bo me zarokan bi sanahîtir bû ji dayk û bavên me. Bo wan gelek bi zehmet bû vî zimanî fêrbibin. Û li xwendingehê biçûkên dî em bi dilxweşî wergirtin. Vêca êdî bi dilê me hat û xema bêwelatîniyê gelek caran me ji bîrkir.

Glückliche Überraschung

Hier werden wir nicht verfolgt wie in Kurdistan. Schlimm aber war, dass wir mit neun Personen in zwei kleinen Zimmern leben mussten. Im Heim gab es vier Duschen für 55 Menschen und eine einzige Waschmaschine. Die war auch noch oft kaputt. Es lebten Familien und Alleinstehende hier aus ganz verschiedenen Ländern: Albaner, Russen, Afrikaner, Afghanen. Oft war es sehr laut, so dass man nicht gut schlafen konnte. Und es gab auch Streit. Wir Kinder wurden immer wieder beschuldigt, dass ein Fenster kaputt war oder eine Tür, obwohl wir es gar nicht waren. Das Haus war sehr schmutzig, auch die Dusche und der Hausflur waren ganz heruntergekommen.

Meine Vettern Rohat und Mendo gingen in einen Fußballverein. Sie spielten wirklich gut und gewannen dadurch auch neue Bekannte.

Eines Tages gab es eine große, freudige Überraschung für die ganze Familie: Schoresch, mein ältester Bruder, stand plötzlich vor uns! Das war ein Jubel! Er erzählte uns seine Geschichte: „Ich habe lange überlegt, wie ich fliehen könnte. Es könnte gelingen, fand ich heraus, wenn sie abends nach einem anstrengenden Tag schliefen. So war es auch, ich konnte unbemerkt entkommen.

Suprîzeke xweş

Li vê derê kes na rahajote me, wekî li Kurdistanê. Tiştê nexweş li vê derê ewe, ku em neh mirov di du odên biçûk de dijîn. Li vê kempê bi tenê çar doş bo 55 kesan hene û yêk maşîna cilik şûştinê bi tenê. Ew jî gelek caran ya şikestiye. Malbatên li vê derê, belê zigurd jî ji gelek welatên cudacuda. Herwesa Elban, Ûris, Efrîqî, Efxanî li vê derê hene. Gelek caran deng wesa yê bilinde, ku mirov nikare baş binive. Û cirre jî gelekin. Em zarok gelek caran têne gunehbarkirin bi şikandina dergehan yan penceran. Ev xaniye gelek pîse, her wesa doş û lîwank jî di helweriyay ne.

Rohat û Mendo di yanekê de li pey Teba ne. Bi rastî ew yariyeka law dikin û bi vê yekê wan nasên nuh jî peyda kirine.

Rojekê ji rojan mizgîniyeka gelek xweş bo hemî malbatê hebû: me hind dît Şoreş, birayê minê mezin li ber me rawestiya!
Pa ya xweş bû demê me ew dîtî! Çîroka xwe hemî bo me got: "Gelek caran min hizra xwe kir, ka ez bi revim. Piştî hingê min zanî wê bidest min ve bê, demê êvarî ew diwestyay, piştî rojeka bi zehmet, ew radikevin. Ew bo ez karim xwe vedizim, bêy ku ew bi min bi hesin. Bi nihênî ez vegerame Mûsilê. Belê ew ji mêje bû hûn çûbûn. Paşî mirovên me gote min, ka we li kû bînim. Me

Heimlich kehrte ich zurück nach Mossul, aber ihr wart schon lange weg. Unsere Verwandten erzählten mir dann, wo ich euch finden kann. Ich hielt mich immer versteckt, weil die Armee nach mir suchte. 3 000 Dollar hat ein gefälschter deutscher Pass mich gekostet. Damit bin ich dann ohne Probleme nach Deutschland gekommen."

Schoresch blickte in die Ferne und rief empört aus: „In dieser Unterdrückerarmee musste ich dienen. Das war wie eine Folter für mich. Die Waffen kamen aus verschiedenen Ländern, und unsere Leute wurden damit getötet." Nun erfuhren wir auch, dass Schoresch schon länger in Diyarbakir gelebt hatte und aus der Armee weggelaufen war, als wir immer noch dachten, er müsse Saddam dienen. Wir waren sehr glücklich, dass unsere Familie nun zusammen war.

her diveşart, çinkî esker li min digeriyan. Paseporteka Elmanî ya sexte bi 3000 Dollaran li ser min rawestiya. Bi wê paseportê ez bê asteng gehiştime Elmaniya.

Şoreş wisan li dûr dinihêrî û bi qîr digot, Dê boçî ji hemiyan xizmeta leşkeriya stemkaran bikim. Wekî eşkencê bo ji bo min. Çek ji welatên rojavay dihatin û xelkê me pê dikuştin." Herwesa me ji Şoreş zanî, ku ew heyamekî li Amedê (Diyarbekir) jî jiya bû û ji ber leşkeran revîm û hingê ya ji me ve, ku ew hîna yê leşkeriya Seddam dike. Em çend dilxweş bûn, ku neha malbata me hemî careka dî gehişte êk.

Brandanschläge

Ich habe ja schon erzählt, dass ich mit meinen Mitschülern und den Jungs hier, wo wir wohnen, prima auskomme. Ich habe viele neue Freunde gefunden.

Eines Tages aber gab es eine große Empörung: Bei Brandanschlägen von Neo-Nazis verbrannten viele Menschen. Sogar Kinder waren darunter! Das nahm uns besonders mit. Mit vielen anderen demonstrierten wir dagegen. Und wie wütend waren wir, dass so viele Politiker große Reden für Toleranz hielten. Mein Vater sagte: „Was reden die denn von Toleranz! Sie müssen dafür sorgen, dass so etwas nicht wieder geschieht." Ärgerlich fügte er hinzu: „Und kein Land darf an Saddam Waffen verkaufen. Er könnte Kurden nicht unterdrücken, wenn er nicht so viele Waffen hätte, dann müssten wir auch nicht hier sein!"

Bei einer Demonstration erinnerte einer daran, dass auch die Deutschen damals hatten flüchten müssen. Ich verstand dies erst nicht. Ein Freund erklärte mir schließlich: „Viele, die gegen die Hitler-Dikatatur gekämpft hatten, wussten aus eigener Erfahrung, wie wichtig es ist, in einem anderen Land Asyl zu erhalten. Sie erkämpften hierzulande das Asylrecht, weil sie selbst Asylsuchende in anderen Ländern gewesen waren. Die Politiker heute scheint dies nicht zu interessieren. Sie schränken das Recht auf Asyl immer weiter ein." Wenn die Regierungen dieses Recht verschärfen

Şewitandin

Min got, ku ez û ew şagirtên em pêkve, û cihêlên li vê derê, li wî cihê em lê dijîn, baş pêkdikin. Min gelek hevalên nih bo xwe dîtine.

Rojekê ji rojan, rojeke gelekî tal bû, dema New-Naziyan li hin bajêran gelek mirov şewitandin. Ji xwe zarok jî di nav de bûn! Em gelekî ji ber hindê bi xem ketin. Li gel gelekên dî me li dijî hindê xwepêşandan kir. Em gelekî digirin, hingê, dema siyasetvanan axiftinên qelew li ser dilfirehiyê dikirin. Bavê min got: „Ev çi ye, behsa dilfirehiyê dikin! Ew berpirsiyar in li ser hindê, ku Seddam çekan werdigirt û her wan belavkir, ku sûcên biyaniyan in, bêkarî hey, het wan ew kir, ku ev tawanbare we bikin!"

Di xwepêşandanê de, hate bîra yekî, ku di dema berê Almanjî bibûn Penaber, pêşî min fam nekir, bê ew çi dibêji. Di dawiyê-de hevalekî ji minre şîrove kir: Gelek ê ku li dijî Diktatorê mezin Hitler berxwedan kiribûn, ew tenê dizanin bê çi wateya hilgirtina mafê penaberiyê li welatekî din hilgirin heye. Ew bi xwe di ber vê yekêde kardikin ji ber ku ew bixwe jê bi hest bûn. Ev bûyer diyare ku ji Siyasetmedaranre ne pir lawaze. Ew berdewam evî mafê kêmdikin.

oder ganz abschaffen, könnten Freiheitskämpfer wie mein Vater nicht nach Europa kommen. Durch solche Maßnahmen fühlen sich die Neo-Nazis von heute ermutigt.

Wir alle waren traurig und empört, egal ob Kurde oder Türke oder Deutscher. „Wer gegen Unterdrückung und Terror in einem Land ist, kann nicht gleichgültig sein gegenüber Unterdrückung und Terror in einem anderen Land," so drückte es mein Bruder aus.

Was mir am meisten Mut macht, ist die Freundschaft mit vielen anderen, egal ob mit Deutschen oder mit Menschen anderer Nationalitäten. Wir mögen die Menschen da, wo wir jetzt leben, obwohl meine Eltern immer wieder mal sagen: „In dieser Nacht haben wir wieder von unserer Heimat geträumt, von Kurdistan. Wir haben große Sehnsucht zurückzukehren. Aber solange wir nicht frei sind, ist es doch besser für uns hier zu bleiben".

Ger desthilatdar zagonên mafê penaberiyê ji kokêde hilde, wêçaxê wê netewperest pir li me gur bibin, û kesên şervan wek bavê min nema karibin werin Ewropa.

Em hemî xemgîn û dilsarbûn bûn, çi kurd, çi tirk û çi elman. Birayê min got: „Heçiyê li dijî stemkariyê û terorê li welatekî be, çênabe ew kes stemkariyê û terorê li çi welatan qebûl bike."

Tiştê ji hemiyan bêtir zaxê dide min, hevalîniye çi li gel elmanan be û çi jî li gel netewên dî be. Em hez ji xelkê vê derê dikin, ew cihê em lê dijîn, herçende dayk û bavê min gelek caran di bêjin: "Ev şeve careka dî me welatê xwe, Kurdistan di xewa xwe de dît. Em gelek xerîbin, ku bizivrin. Belê hindî Seddam li ser hikum be, baştire em li vê derê bimînîn".

Sehnsucht nach Freiheit

Meine Mutter ist selten wütend. Doch immer wenn sie zum Sozialamt muss, kommt sie ganz zornig zurück: „Da sitzt eine unfreundliche Frau und behandelt uns wie Unmenschen. Warum? Was haben wir ihr getan? Um jede Kleinigkeit muss man betteln. Das ist würdelos. Das Geld, das uns zusteht, ist doch kein Almosen. Weiß man denn nicht, dass die Welt heute sehr klein geworden ist? Wenn irgendwo Krieg ist, tragen wir alle die Verantwortung dafür. Wir sitzen alle in einem Boot. Wir müssen gemeinsam unsere Erde schützen. Ich möchte menschlich behandelt werden."

Manchmal weint meine Mutter dann vor Zorn. Mein Vater sagt dazu: „Wie weit her ist es mit der Freiheit hier? Wenn die Menschen für ihre Rechte kämpfen, droht ihnen die Polizei. Und während wir für unsere Freiheit in Kurdistan kämpfen, werden Waffen geliefert. Überall müssen die Menschen zusammenstehen. Es geht nicht nur um Kurdistan, wenn es um die Freiheit geht".

Bêrîkirina azadiyê

Dayika min kêm caran di qehirî, lê bikêmanî dema ew diçû cem jinka Berpirsa civakê, wêçaxê ew bi kîn dihate mal: wisan digot li wêderê jinekek pir bê cir heye wisane ku ew me wek merov nabîne û merovahiyê bikarnayne. Ma me çikiriye ? ku ji bo hertiştî pars bikin. Ev li dij mafê merovatiyêye, ew pereyên ku didin me ne tiştekî hindike, ma qey merov nizane ku Gerdûn bûye wek gundekî bicûk?

Ger şer li kîjan kenarê cîhanê çêbe, em hemû jê qelsdibin û berpirsiyariya wê dikin, lewra em hemû di eynê Geştiyê dene. Gereke em hemû pevre vê Gogazemîn a xwe bi merovatî biparêzin

Hindek caran dayika min, ji kerban digirî. Li ser hindê bavê min dibêje: "Azadî çendî dûre? Demê xelk bo azadiya xwe xebatê bikin, wê ji hêla polîsan de gef lê bê kirin. Û di demê ku em bo azadiya xwe xebatê li Kurdistanê dikin, çek bo Seddam tê rêkirin. Li her cihekî divê mirov piştevaniya hev bikin. Demê behsê azadiyê tête kirin, ew ne bi tenê bo Kurdistanê ye."

Ich bin ganz sicher, wenn wir die Möglichkeit hätten, selbst zu bestimmen, wie wir Kurden leben wollen, dann würden die meisten in Kurdistan bleiben und das Land aufbauen wollen. Wieso von Deutschland so viele Waffen verkauft worden sind, weiß ich bis heute nicht genau. Mein Vater meint, dass die Ölquellen von Mossul so verlockend sind. Vielleicht wollen die Regierungen deshalb nicht, dass es ein freies Kurdistan gibt.

Ez pişt rastim, heger çêbiba û hêlaban em kurd wesa bijîn wekî me bivê, hingê wê hemî li Kurdistanê mînin û welat avedankin.
Ta niha ez bi diristî baş nizanim, ka ji bo çi Elmaniya ev çek firotine. Bavê min dibêje, ku çavê hemiyan li bîrên Mûsilê yên pêtrolê ne. Lê belê ew petrol (gaz) bi xwe ya gelê kurde! Ne dûre ji ber vê yekê, hikumetan nevên, ku Kurdistaneka azad hebe .

Ungewissheit

Im Asyl leben ist schwer. Ständig leben wir in der Furcht, aus Deutschland ausgewiesen zu werden, denn bis heute ist unser Asyl nicht anerkannt. Unsere Sorgen nehmen zu, weil es neue und viel schärfere Gesetze gibt. Danach kann es schnell passieren, dass man in seine Heimat zurückgeschickt wird, in die Hände von Folterern und Mördern.

In Wuppertal, nicht weit von hier, gibt es ein richtiges Gefängnis, das sehr schlimm ist. Dort werden Asylbewerber, deren Asylantrag abgelehnt wurde und die Deutschland trotzdem nicht freiwillig verlassen wollen, gefangen gehalten und wieder in ihre Heimat zurückgeschickt. Dabei kann es passieren, dass auch Freiheitskämpfer wieder in die Hände ihrer Gegner fallen. Im Fernsehen berichteten sie von einem Inder, der aus Wuppertal abgeschoben und in Indien kurz nach seiner Ankunft getötet wurde.

Meine Mutter sagt immer: „Ich wünsche niemandem ein Leben im Exil, nicht einmal meinen Feinden. Das ist sehr schwer zu ertragen, und oft habe ich das Gefühl, dass wir den Behörden lästig sind wie Fliegen. Sobald Südkurdistan wirklich frei ist, kehren wir zurück. Aber bis dahin wünschen wir uns, auch für alle anderen, im Asyl als Menschen behandelt zu werden."

Immer wenn sie das sagt, sehne ich mich auch nach Kurdistan zurück, dann werde ich sehr traurig.

Bendewariya bê dawî

Li mişextiyê jiyan gelek tale. Em her ditirsin ji Elmaniya bêne derxistin, çinkî ta neha hêj asyl a me, ango daxwaza me ya penaberiyê nehatiye wergirtin. Û neha xema me mezintire, çinkî qanonên nû û yên dijwartir derketine. Li dûv wan qanonên nû ew dikarin mirov bi sanahîtir rêkene welatê mirov û mirov bidine destê cellad û mirovkujan.

Min ji kesê guhlênebûye, lê min di rojnamê de xwandiye, ku tiştê hosa heye. Zindaneka bi dirustî ya gelek pîs li Wuppertal, gelek nêzîkî Hildenê heye. Li wê derê daxwazkerên penaberiyê, yên ku qesta azadiyê kirin, digirtin û wê bêne vegerandin. Hikumetê naxwaze ku gelek xelk bêne Elmaniya. Wan divê azadîxwazên wekî bavê min bikine destên dujminên wan de. Di telefizyonê de derêxistin, ku wan hinek ji Wuppertal paşda vegerand û ew zilam piştî gehiştina wî bi demekê kêm li Hindistanê hate kuştin. Ka hûn na bêjine min, ka mirov çawa ji siyasetvanan bawer bike, demê ew behsê azadiyê dikin!

Dayka min her dibêje: „Inşallah Xudê derbideriyê bi rizqê kesê neke, dujminê mirovî jî ne. Derbiderî gelek li lber mirovî girane û mirov nikare xwe li ber bigire û gelek caran rêveberiyên vê derê wesa serederiyê li gel mirov dikin, her wek mirov barekî giran li ser dilê wan. Çi gava Kurdistana jêrî (başor) bi dirustî azad bû, hingê emê vegerin. Lê daxwaza me ewe, heta hingê wekî mirovan serderî li gel me û penaberên dî bête kirin".

Çend ew we dibêje, ez hindî dî bêriya Kurdistanê dikim û ez gelek bi xem di kevim.

Bitte weiter

Im von Loeper Literaturverlag erscheinen viele Bücher zum Themenbereich Asyl und Menschenrechte. Besondere Schwerpunkte sind dabei Kinder auf der Flucht, die Arbeit mit Traumatisierten, die Illegalisierung, Abschiebungshaft, Flüchtlingssozialarbeit, das neue Zuwanderungsgesetz und viele weitere Themen. Das Programm umfasst aber auch Geschenkbücher, Bildbände und viele praktische Arbeitshilfen für die Asyl- und Menschenrechtsarbeit.
Gerne informieren wir Sie ausführlich über unser Programm. Fordern Sie einfach unseren Newsletter an oder informieren Sie sich im Internet unter www.vonLoeper.de

Flüchtlings Leben. *Berichte aus Gera*
"Wer kann besser zur Aufklärung beitragen als Betroffene selbst?". So hatten Mitarbeiterinnen des Sozialdienst für Flüchtlinge des Diakonieverbund Gera e.V. Flüchtlinge gebeten, etwas aufzuschreiben über ihr Leben, ihre Ängste und ihre Sorgen, über ihre Erwartungen und Freuden, über das, was ihr Leben ausmacht. Es entstanden Berichte und Fotoserien, die mit großer Resonanz präsentiert wurden. Dieser Band gibt das eindrucksvolle "Foto-Tagebuch" wieder, das in diesem Projekt entstanden ist. Es schildert die Realität von Flüchtlingen, Fluchtgeschichten, den Alltag in Deutschland. Der Band zeigt eindrücklich, wie wertvolle Lebensjahre mit dem Warten auf eine Asylentscheidung vergehen, in denen nur wenig passiert, die aber unendlich viel Kraft und Geduld erfordern. Kurzinformationen über die Herkunftsländer sowie ein kleines Lexikon der Fachbegriffe runden das äußerst lesenswerte Buch ab. Ca. 180 Seiten, kartoniert, ca. 18,- €. ISBN 3-86059-457-5

von Loeper Literaturverlag
Kiefernweg 13, 76149 Karlsruhe, Tel.: 0721- 70 67 55, Fax: 0721-78 83 70
Mail: info@vonLoeper.de   Internet: www.vonLoeper.de